DE L'IMMIGRATION INDIENNE

PAR

AUGUSTE VINSON

MEMBRE ET SECRÉTAIRE DU JURY D'EXPOSITION AGRICOLE ET INDUSTRIELLE

DE L'ILE DE LA RÉUNION.

ILE DE LA RÉUNION

Typographie de Gabriel Lahuppe, Imprimeur du Gouvernement

SAINT-DENIS

1860

DE L'IMMIGRATION INDIENNE.

Emigration en général. — Origine et nécessité de l'immigration pour les colonies avant et après l'émancipation. — Immigration indienne a l'ile Maurice et a l'ile de la Réunion. — Convention entre S. M. la Reine d'Angleterre et S. M. l'Empereur des Français pour 6,000 coolies. — Ses conséquences.

Occupé depuis plusieurs années de l'immigration comme d'une question vitale pour la colonie de la Réunion ; en contact comme médecin des immigrants avec les légions de travailleurs qui se sont succédé dans notre île ; imbu de leurs mœurs, initié à leurs maladies, étranger au commerce comme à l'agriculture, je puis, je pense apporter, au milieu des principes qui s'agitent aujourd'hui, une opinion sincère et dégagée de toute pression. On me permettra donc d'envisager l'immigration, dans la condition où elle se présente, avec l'expérience que donne une étude longtemps mûrie et la confiance d'un esprit libre. Pour arriver à ce but, je vais ne m'occuper ici que de l'immigration indienne dans son passé et dans son avenir. J'arriverai donc à parler des 6,000 travailleurs dont le Pays se préoccupe.

Je ne puis cependant m'empêcher de jeter quelques considérations générales sur l'immigration, sur son origine et sa nécessité, et si je fais l'histoire de l'immigration indienne à Maurice et à la Réunion, c'est afin de les opposer, de les comparer et de dissiper quelques appréhensions dont la susceptibilité est fort louable assurément, mais dont le motif ne me paraît pas fondé.

§ I.

DE L'ÉMIGRATION.

Envisagée sous le point de vue philosophique, l'émigration est dans la nature. Les animaux, obéissant aux lois instinctives, se meuvent en suivant sur la courbe du globe la marche des saisons pour y conserver le bien-être. Chez l'homme, le déplacement des races est nécessaire à l'amélioration humaine : sous une forme ou sous une autre, on la retrouve partout; tantôt brutale et soudaine, tantôt lente et progressive. Dans l'histoire des peuples, l'émigration et l'immigration sont comme le choc des vagues tour à tour promenées dans un sens ou dans l'autre. Dans les premiers siècles de l'ère chrétienne, les flots de barbares vinrent du Nord, et l'émigration marcha vers l'Occident. Les peuples ne peuvent demeurer isolés; les besoins, la guerre, le commerce sont les moyens dont la Providence se sert pour mêler les populations. La Chine, demeurée si longtemps dans un cercle impénétrable, séparée des peuples, voit par la force des armes l'émigration européenne, malgré elle, entrer dans son sein. L'Inde a vu l'Angleterre importer sa nationalité jusque dans ses jungles et l'étendard britannique surmonter ses vieilles pagodes. La France vers l'Algérie, l'Espagne vers le Maroc, vont pour enter la civilisation vive sur la civilisation morte des anciens temps.

Mais il y a un mode d'émigration qui consiste à amener dans le sein des nations civilisées les peuples encore dans l'enfance : violente et répudiée, cette pratique a été la traite; libre et consentie, c'est l'émigration telle qu'elle doit exister, telle que nous la voulons, telle qu'on peut la faire; c'est-à-dire avec toutes les améliorations, toutes les les garanties et tous les égards possibles des nations grandes et généreuses pour les peuples déshérités et faibles.

Lorsque l'abolition de l'esclavage dans ses colonies préoccupa la France, elle ne songeait pas seulement d'avoir à donner une indemnité pour les noirs émancipés, mais elle s'inquiétait d'un souci plus grand, de la ruine des colonies par les terres et les usines devenues inutiles par l'absence des bras. Par l'émancipation, elle prenait implicitement l'engagement pour conserver ses colonies à sucre d'y autoriser l'immigration. C'est ainsi que nous avons vu sans cesse depuis cette époque le Gouvernement de l'Empereur justement préoccupé de cette question, qui se place à côté des grandes questions de l'époque.

Sans nous arrêter à l'avenir des colonies qui a son importance; en nous plaçant à un point de vue humanitaire qui oublie les intérêts privés pour les intérêts généraux, on se demande s'il n'y a pas pour les grands peuples une obligation tacite d'aller tendre la main aux peuples malheureux, et de les initier dans leur sein au bienfait de la civilisation et du christianisme, et si, à ce point de vue, la suspension de l'émigration africaine n'est pas un temps d'arrêt fatal pour régler seulement avec plus d'humanité une immigration providentielle que toute opposition jalouse sera impuissante à empêcher !

§ II.

ORIGINE DE L'IMMIGRATION.

Au moment où l'esclavage tremblait sur ses bases vermoulues par le temps, sapées de toutes parts, et durant même l'agonie de ce régime anormal, quelques esprits inquiets de l'avenir pensaient déjà à l'immigration. Il suffit pour constater ce mouvement de lire plusieurs opuscules qui furent publiés vers cette époque. Un des plus remarquables insérait une note écrite en 1831 avec une prévoyance en quelque sorte prophétique : « Il y a, disait l'auteur, (*) une im-« mense popularité à conquérir pour le Gouvernement qui le premier pronon-« cera l'abolition de l'esclavage : une mesure aussi vivement appelée par les « vœux de la société européenne peut seule donner une force complète à la « prohibition de la traite des noirs ».

En vue de cet état, une sage mesure avait été prise dans une de nos colonies à titre d'essai : c'était l'introduction des gens de travail engagés dans l'Inde pour trois ou cinq ans..... Popularisée avant d'être mise à exécution, cette tentative donnait en 1834 des résultats favorables, qui permettaient à un de nos administrateurs de rappeler une note que dans cette prévision il avait écrite à la Direction des colonies et dont nous extrayons le passage suivant. « Les In-« diens libres remplacent parfaitement les Africains esclaves dans les travaux « de nos possessions intertropicales, et quand on aura bien franchement établi « ce système de recrutement sans arrière-pensée de faire une quasi-traite, rien « n'empêchera d'engager d'autres Malgaches et d'autres Africains assez avancés « en civilisation pour former une réunion de gens libres. »

Toutefois l'immigration et l'esclavage en étaient demeurés là. D'ailleurs la première ne pouvait prendre du développement qu'à la condition d'abolir le se-

(*) M. Betting de Lancastel (*Questions coloniales*, page 8).

cond. Mettre en présence du travail libre et rémunéré le travail forcé et gratuit, c'était tenter l'impossible et pousser l'inconséquence du fait jusqu'à ses limites.

Pendant ce temps, l'Angleterre préparait de loin l'émancipation des esclaves dans ses colonies, de façon à nous devancer, et allait avoir à revendiquer jusqu'à l'abus ce droit de popularité dont nous parlons. Mais le temps marchait, et le progrès, en France, versait aussi ses lumières sur tout ce qui la touchait. Avec la révolution de 1848 l'émancipation des esclaves arriva. Bien que cette nouvelle dans nos colonies retentit comme la foudre, les esprits y étaient préparés. Le nouveau Gouvernement mit immédiatement en pratique la liberté des noirs, qui avait été l'objet de tant d'hésitations antérieures. Ce dernier acte, solennel comme tous les grands faits qui se produisent dans la vie des peuples, était ardemment attendu des esclaves et vivement désiré par les maîtres pour lesquels la servitude avec nos progrès était devenue plus qu'un mal, mais un véritable danger.

L'Angleterre, de son côté, nous avait prévenus : elle avait préludé à l'émancipation des esclaves par un état transitoire, l'apprentissage ; les colons, dégoûtés de cette demi-mesure qui irritait plus qu'elle ne satisfaisait l'impatience des futurs libérés, en étaient venus à demander eux-mêmes l'émancipation immédiate. On abrégea ainsi de deux ans la durée de l'apprentissage. Le travail fut délaissé, mais elle avait l'Inde pour l'émigration.

Après 1848 et l'émancipation dans nos colonies, une grande partie des esclaves fut provisoirement conservée au travail dans les nouveaux affranchis ; mais pour un peuple longtemps asservi dans ce seul but, le travail était nécessairement l'équivalent de l'esclavage. Les nouveaux affranchis s'éloignèrent peu à peu des ateliers et les quittèrent bientôt définitivement ; cette désertion s'acheva et devint complète, quand ils se virent remplacés par les émigrants dont l'appel et le secours étaient devenus impérieux.

D'autres causes se produisirent pour ôter aux habitations comme aux ateliers les nouveaux affranchis : la liberté, comme tout état nouveau, veut une éducation ; il en est presque d'elle comme d'une chose physique ou comme d'un milieu auquel il faut s'habituer. Cet acclimatement à un mode nouveau manquait. Beaucoup de ces travailleurs avaient déjà trop vieilli dans l'esclavage pour subir impunément le régime de la liberté succédant à la servitude. Le brusque passage de la vie active à l'oisiveté fut fatal à un grand nombre. Des maladies enlevèrent les uns ; chez les autres les passions, ayant un libre cours, amenèrent ses maux habituels. L'esclavage était un état anormal, et quoi qu'il arrivât, il fallait constituer la liberté égale pour tous les Français.

Le travail complétement désorganisé devant cette retraite des nouveaux affranchis, il fallait songer à le reconstituer. De là l'origine de l'immigration.

§ III.

DE L'IMMIGRATION INDIENNE A L'ILE MAURICE.

L'essai du travail libre, obtenu sur une grande échelle par les émigrants de l'Inde, fut pour la première fois tenté à l'île Maurice. Longtemps avant l'abolition de l'esclavage dans nos colonies, le bill d'émancipation avait mis fin à cet état dans cette île : nous avons dit combien l'apprentissage y avait été malheureux.

Aux portes mêmes de cette colonie orientale, un vaste continent s'offre, surchargé du poids d'une population libre, surabondante et trop souvent réduite aux horreurs de la famine : c'est l'Inde. Au sein de cette contrée fourmille une multitude de peuples, habitants des montagnes, avides d'argent, décuplant le gain par l'usure ou l'emploi. Quand les pluies ne viennent pas faire germer le riz qu'ils ont ensemencé, il faut aller ailleurs, quêter le travail et glaner sur les rives du continent pour les besoins de la vie, sous peine de périr de faim et de misère.

C'est sur cette population de serviteurs anglais aux fronts bronzés que les Mauriciens jetèrent les yeux : cette population de *coolies* sauva l'agriculture et la production du sucre de cette colonie.

Nous allons raconter comment s'établit cette immigration et les diverses péripéties qu'elle eut à subir.

On doit aux colons de Maurice, plutôt qu'à leur Gouvernement qui les entrava souvent, l'initiative des premiers convois d'émigrants qui partirent de l'Inde. Ce recrutement commença en 1834 : un total de 25,000 Indiens furent introduits de cette époque à 1839, sans que le Gouvernement intervînt dans les premiers essais. Le prix de cession d'engagement était de 250 francs environ par homme valide; l'engagement était de cinq années. L'Indien recevait pour solde mensuelle 10 à 12 f. 50 c. La nourriture et le repatriement, après l'expiration du contrat d'engagement, étaient aux frais de l'engagiste.

Lorsque les Indiens sont sous le patronage des colons, ils sont parfaitement traités : eux-mêmes le reconnaissent. Mais c'est dans leur propre pays, du côté de leurs compatriotes, que les mécomptes vinrent toujours.

Ces travailleurs indiens demandés par les habitants de l'île Maurice étaient recrutés sous le patronage des maisons de commerce de Calcutta, de Madras et de Bombay; celles-ci se servaient de commissionnaires qui bientôt se laissèrent aller à des bénéfices énormes faits aux dépens des émigrants. Ces embaucheurs indiens recherchaient les coolies et prélevaient sur leur travail futur une somme à valoir, ou la totalité des avances faites dans l'Inde. Du côté de ces hommes la spéculation s'empara sans pudeur de ce moyen : l'astuce et la duperie furent mises en jeu. Avant leur embarquement on donnait aux émigrants six mois d'arrhes sur leur salaire : ces six mois de travail, les premiers fruits d'un labeur et par là même les plus précieux, étaient absorbés par l'embauchage sous des prétextes divers. De plus on trompait ces malheureux sur leur destination : on faisait croire à quelques uns qu'ils n'étaient engagés que pour aller à Colombo, dans l'île de Ceylan, peu distante de l'Inde; à d'autres qu'ils n'avaient qu'à se baisser, sans travail, pour ramasser l'or à pleines mains sur une terre voisine. Ces criminelles manœuvres suscitèrent un concert de plaintes : des réclamations se firent entendre, des meetings furent tenus, enfin des pétitions furent adressées au Gouvernement de l'Inde pour demander la suppression de l'émigration indienne (*). La susceptibilité britannique est excessive à l'endroit de la liberté individuelle; ce principe respectable dans son essor a besoin d'être envisagé avec modération; dans ce cas tout était légitime et justifié : l'émigration fut prohibée en 1839 et suspendue jusqu'à nouvel ordre. Le Gouvernement anglais eut seulement le tort en cette occurrence de faire peser sur les colons de Maurice les inconvénients d'un mode dont ils étaient parfaitement innocents. L'enquête

(*) *M. de Challaye* est l'auteur d'une excellente brochure sur les *travailleurs libres de l'Inde*. Nous y avons puisé les documents historiques pour ce qui concerne l'immigration indienne à Maurice.

s'ouvrant pour eux les eût montrés fidèles dans leurs promesses, humains pour leurs travailleurs. Le mal ne venait que de l'Inde, de la source même de l'émigration. Une police plus attentive eût dû veiller et régler le mode de recrutement et déjouer la fraude.

L'émigration abolie, les effets de cette mesure établit une concurrence sur les cessions d'engagement pour les Indiens qui restaient dans la Colonie. Le prix du contrat concédé fut porté à un taux excessif, le salaire fut élevé à un degré fabuleux, le tout en disproportion avec les bénéfices qu'on retirait de la terre. On vit bientôt que cet état des choses ne pouvait durer sans un préjudice ruineux pour la colonie. Ce fut alors que vingt-quatre colons de l'île Maurice ouvrirent, avec la sanction du Gouvernement, un *plan d'association pour le travail libre*, le 4 juin 1840. C'était un mode d'immigration nouvelle et générale destiné à encourager l'immigration à Maurice, non seulement des indigènes de l'Inde, mais de ceux de Madagascar, de Mascate et d'autres pays avec leurs familles, et en leur assurant des conditions favorables, en les appelant librement dans cette colonie. On pensait aussi, en étendant l'émigration à d'autres peuples, qu'il serait facile ailleurs d'éviter les désastres de l'embauchage. On devait, pour remédier aux inconvénients déjà signalés, faire les frais de l'émigration aux dépens des sociétaires, à l'aide *d'agents* établis par l'association même dans chacune des résidences respectives.

Sur les efforts persévérants des colons de l'île Maurice, la Reine d'Angleterre, dans un conseil tenu au palais de Windsor, leva les restrictions faites à l'émigration, et autorisa la sortie et l'engagement des coolies de l'Inde, mais cette fois sur des mesures nouvelles et protectrices qu'elle édicta avec un soin et une sollicitude remarquables. La colonie devait prendre à sa charge l'introduction et le repatriement de ces Indiens; ceux-ci devaient arriver à Maurice *libres de tout engagement; libres de choisir eux-mêmes leurs engagistes; libres de le faire seulement 48 heures après le débarquement*, de manière à leur permettre de ne le faire qu'en parfaite connaissance des lieux et des usages du pays.

La loi coloniale de Maurice pour compléter cette mesure venait dans le même esprit établir que le dit émigrant indien « était libre de retourner en tout temps « dans son pays, mais à ses frais avant les cinq années, sans préjudice de l'ac-

« tion du propriétaire pour un engagement rompu..... Une agence spéciale « devait examiner sur les lieux du recrutement l'état de santé des émigrants « et s'assurer s'ils *partaient de bonne volonté..... un protecteur était institué à « Maurice..... pour veiller à l'exécution des règlements.....* ».

Ainsi l'émigration indienne, interrompue par la faute et les excès des recruteurs indiens, reprenait sous une phase nouvelle et avec une garantie sérieuse pour l'avenir. L'ordre en conseil de la Reine était en quelque sorte la charte de l'émigration : il était de l'intérêt des colons de Maurice de le faire observer, ils n'y faillirent pas. L'occasion, en effet, ne tarda pas à s'offrir, et voici dans quelles circonstances elle se présenta.

Il est difficile d'éviter quelquefois les vices de l'institution la mieux combinée: l'entraînement dans l'exécution ouvre, quand on y pense le moins, une porte à l'abus. Lorsque l'émigration fut obtenue et réglementée par l'ordre de la Reine, le Gouvernement de Maurice crut concourir avec loyauté à cette mesure, non seulement en entrant sincèrement dans l'esprit de cet ordre, mais encore en instituant une prime pour l'introduction de chaque émigrant; en outre l'introducteur recevait une somme de 125 francs par natif indien. Ces avantages devinrent un appât puissant: on se livra avec frénésie à cette spéculation; la concurrence ne tarda pas à naître; même le prix des passages s'éleva. Le soin de l'embarquement était laissé à des intermédiaires..... Tout retombait enfin comme déjà dans le champ de la spéculation. Devant ce courant d'émigration ardente, l'embauchage, malgré les précautions prises par la Reine elle-même, avait reparu avec ses criminelles manœuvres et ses bénéfices. Le Gouvernement de Maurice pensa que devant de pareils abus l'immigration courait un extrême danger: avec une initiative qui l'honore, il écrivit au secrétaire du Gouvernement du Bengale pour l'avertir que la manière dont l'émigration indienne était pratiquée dans l'Inde était « en désaccord avec les principes établis « dans l'ordre en conseil de Sa Majesté et en opposition avec les intérêts des « émigrants, que cet ordre a pour objet de protéger et de garantir. » (22 juin 1843.)

Cette adresse, faite au nom des possesseurs de terre de l'île Maurice, abolissait la prime en reconnaissant ses inconvénients, faisait ressortir tous les abus déjà signalés, et demandait, après l'enquête et la vérification des faits allégués, que l'émigration fût confiée dans l'Inde aux mains d'un homme dans lequel le Gouvernement et les habitants de la colonie auraient une entière confiance : les paiements pour compte de l'île seraient faits par lui seul; il ne pourrait exécuter aucune commission pour le compte des particuliers; toutes les dépenses seraient payées par le trésor du Gouvernement; la conduite de toutes les personnes employées à recruter les immigrants serait soumise à l'examen et au contrôle d'un fonctionnaire responsable et autorisé à cet effet par le Gouvernement, et les abus qui résultent du système actuel ne pourraient plus se reproduire.

Ce mode était une économie : il supprimait la prime et des frais à la charge de la Colonie; il empêchait la fraude, sauvegardait les intérêts des travailleurs et assurait en même temps l'exécution parfaite des intentions du Gouvernement de la Reine. Le lieutenant-gouverneur du Bengale promit de son côté de tout faire pour arriver à ce but. Le protecteur des Indiens de l'île Maurice se transporta à Calcutta pour convenir des faits et nommer un agent chargé d'établir l'émigration suivant les vœux de l'ordre en conseil.

Telle fut la manière dont l'immigration indienne fut définitivement établie à l'île Maurice, où elle a donné les résultats les plus satisfaisants. Cette mesure, mise en vigueur le 1er janvier 1844, est celle qui régit encore l'émigration indienne dans cette colonie et lui assure un courant d'immigration proportionné à ses besoins et à sa richesse croissante. (1)

Nous verrons combien l'exemple de cette colonie a été (toutefois dans des limites beaucoup plus restreintes d'immigration) profitable à l'île de la Réunion.

§ IV.

DE L'IMMIGRATION INDIENNE A LA RÉUNION.

Nous avons étudié l'origine de l'immigration indienne à Maurice; nous allons faire connaître son établissement à la Réunion.

Vers la fin du règne de l'esclavage on arrivait insensiblement à cette source de recrutement, par les raisons qui suivent.

(1) A l'exception de quelques légères modifications nées de l'expérience.

Chaque jour creusait dans les rangs de la population esclave des vides immenses que rien ne comblait ; les vieux Africains, jadis venus par la traite, mouraient, et dans les états civils, il y avait toujours un excédant des décès sur les naissances.

Les jeunes noirs, nés dans la Colonie, élevés avec des aptitudes plus recherchées, ne se souciaient pas de s'atteler au labeur pénible du nègre; leur intelligence même, développée au contact de la civilisation des blancs, les plaçait bien au-dessus d'une telle condition et les rendait impropres aux travaux de la terre. Ceux qui naissaient dans la domesticité, plus rapprochés encore de la maison du maître, auraient eu pour ce genre de travail une répugnance plus invincible encore.

Voilà ce que devenait l'avenir de l'esclavage quand l'émancipation est venue rompre les liens du maître avec l'esclave. Une génération au plus était réservée au travail de la terre.

Une cause minime il est vrai et qui n'atteignait que la domesticité réduisait cette population déjà restreinte, c'étaient les rachats forcés : l'esclave qui avait pu se procurer une somme qui compensât sa valeur pouvait la donner comme une rançon de sa liberté. Une loi dans le but de faciliter l'émancipation l'y autorisait.

La mise en culture de plus grandes surfaces de terre demandait pour l'île de la Réunion un accroissement de forces.

Ainsi donc l'esclavage d'heure en heure insuffisant faisait de l'immigration un besoin.

Sous l'empire de cette nécessité, quelques essais furent faits à l'île Bourbon.

En 1838, M. de Hell, gouverneur de cette colonie, fit paraître un arrêté *concernant les gens de travail libres provenant de l'Asie.* Les principales dispositions de cette organisation sont celles qui régissent actuellement la matière. L'art. 1er, qui n'a pas varié, est ainsi conçu : « Un agent sous le titre de syndic « des Indiens et qui sera d'office leur mandataire, est chargé, sous la surveil- « lance du Directeur de l'intérieur, de tout ce qui concerne les gens de travail « libres provenant de l'Asie, etc. » *Le titre V* a trait aux *gens de travail de l'Asie qui sont* ACTUELLEMENT DANS LA COLONIE. ∴ ce qui prouve même durant l'esclavage le besoin impérieux d'émigrants. Le rôle du syndic répondait d'avance à celui de protecteur des émigrants que nous avons vu plus tard (1842) à l'île Maurice.

Malgré l'esclavage, l'immigration fait des progrès à l'île Bourbon. En 1842 on trouve *plusieurs centaines* d'Indiens entrés sur le sol de cette île en qualité de travailleurs libres.

Ces tentatives cependant ne réalisèrent pas toutes les espérances conçues d'abord. Après les succès constatés depuis, on se demande comment on a pu douter du mérite de l'immigration indienne dans ses débuts. Ce fait s'explique par l'anomalie du travail libre à côté du travail forcé, l'un ne pouvant que porter un préjudice considérable à l'autre.

Par suite de ces effets, lorsque la question des travailleurs libres revint dans les comices agricoles de l'Île, le projet d'introduction des Indiens éprouva une certaine résistance. Quelques colons jeunes, éclairés, prirent la plume dans les journaux de la Colonie pour mettre en relief les qualités réelles des Indiens comme instruments de travail. Mon ami, M. Alex. de La Serve, publia à cette époque sur ce sujet un article fort remarquable. Cette défaveur ne fut pas heureusement de longue durée, on vit qu'il fallait songer sérieusement à se pourvoir de travailleurs libres. On essaya de se servir des Indiens, comme on le devait faire, et l'opinion fut réformée sur eux. Du reste l'exemple de l'île Maurice, son application du travail libre des immigrants de l'Inde établie sur une grande échelle devaient nous éclairer ; il en fut de même à peu près de son mode de recrutement qui nous servit de modèle. Comme dans cette colonie une société de commerçants et d'habitants s'établit sous le nom de *Compagnie agricole d'immigration* : on sait tous les services qu'elle a su rendre à l'agriculture et les travailleurs qu'elle a fournis à notre île. (1)

Mais un jour un ordre ministériel vint ralentir notre courant d'immigration indienne pour le diriger bientôt sur les Antilles moins favorisées que nous. Alors l'île de la Réunion sentit qu'elle ne pouvait arrêter son essor sans compromettre ses intérêts les plus grands. La position de beaucoup d'habitants, ébranlée par une transformation sociale récente, n'était pas encore revenue des perturbations

(1) Voir la note n° 1.

produites. L'île n'était point encore approvisionnée de travailleurs et beaucoup d'Indiens s'étaient repatriés, leur engagement terminé. C'est alors qu'on jeta les yeux sur une race d'hommes qui dans l'esclavage avait donné des preuves d'une incontestable valeur : les Cafres et les naturels de Madagascar. L'introduction de ces hommes était permise : par le fait de l'abolition de l'esclavage, la suspicion de traite était détruite ; l'exemple du travail libre par les immigrants indiens créait pour ces races futures un précédent favorable : le louage des hommes de travail était légal. . . . heureuse si l'immigration fût restée dans ses limites et si la main de la spéculation n'eût tout compromis en y touchant. La côte d'Afrique fut donc fermée à nos navires recruteurs, et l'île de la Réunion se trouvait dans cette situation critique d'être privée à la fois des travailleurs africains et des travailleurs indiens à côté de l'île Maurice regorgeant de ces derniers. (1)

C'est dans cette situation cruelle pour les intérêts de notre île et pour l'avenir agricole compromis qu'une ouverture a été faite près de l'Angleterre pour obtenir 6,000 coolies de l'Inde. La nouvelle de ce succès a d'abord porté une vive satisfaction dans toutes les parties de notre colonie, mais cette joie s'est bientôt changée en récriminations inquiètes à la nouvelle des conditions qui nous étaient faites.

Il y a dans l'opinion publique un sentiment louable de susceptibilité nationale qui se réveille instantanément quand le moindre choc le touche. C'est un instinct naturel que la raison doit souvent corriger en y reflêchissant. On s'émeut de la présence d'un agent anglais accompagnant 6,000 travailleurs dans notre île ; il est certain que la bienveillance qui nous fait ce prêt de bras moyennant salaire n'ira pas commettre comme intermédiaire un agent provocateur de discordes ou de divisions entre les contractants ; qu'une nation ne peut, sans manquer au droit des gens, livrer ses sujets, de quelque origine qu'ils puissent être, sans les faire suivre d'un représentant : n'avons-nous pas à Maurice pour nos nationaux, au Cap pour bien moins de Français encore, un consul de notre nation?

La preuve de cette bienveillance éclate dans la teneur même de la convention entre les deux Souverains. Nous avons fait d'après des pièces authentiques l'his-

(1) Un jour la colonie de la Réunion appréciera tout ce qu'elle doit à l'homme distingué qui la représente, à M. Georges Imhaus, pour son dévouement et son patriotisme.

toire de l'immigration indienne à l'île Maurice : n'est-elle pas plus rigide que ce qui nous est offert ? Un moment on la supprime même complétement, et il faut des démarches inouïes pour la rétablir; puis la Reine édicte elle-même avec une sollicitude sévère tous les points du contrat pour sa propre colonie; l'engagé choisit lui-même son engagiste..... Tout engagement fait avant 48 heures de séjour est nul; l'engagé peut demander son repatriement dès qu'il lui plaît, etc. etc. Dans la convention actuelle rien de semblable. Au contraire l'Indien est tenu de remplacer tous les jours d'absence et d'effectuer rigoureusement son contrat.

Pour les détails et l'exécution pratique, pour la juridiction pénale, n'avons-nous pas une Administration équitable et une Direction de l'intérieur de qui relève nécessairement après tout les affaires de son département, et en première ligne la surveillance des travailleurs immigrants ?

La nouveauté a toujours un peu effrayé les esprits si calmes de notre île. Nous en avons eu plus d'une fois la preuve.

Lorsque le Commissaire général de la République vint proclamer la liberté des noirs, on craignit de trouver en lui un agitateur : il organisa le travail, il rassura les esprits, il s'éclaira de la vérité ; et sa main, au lieu de désunir, retint, tant qu'il fut près de nous, dans les liens du maître l'esclave émancipé. Une destinée semblable est sans doute réservée à l'agent britannique : il forcera l'engagé indien à remplir fidèlement son mandat et nous n'aurons peut-être pas de meilleur garant de l'exécution de notre travail.

Il a fallu sans doute, dans les termes de rivalité agricole et coloniale des deux nations, tout le prestige de l'Empereur des Français pour obtenir cette concession de la résistance britannique ; et la sollicitude qu'elle apporte n'est pas de la part de l'Angleterre un motif de suspicion, mais un témoignage du respect qu'elle se doit à elle-même. Qu'on s'efforce un moment de supposer que le Gouvernement de l'Empereur eût voulu en acceptant les *coolies* rejeter l'agent britannique: dans quelle situation d'esprit mettions-nous la défiance de l'Angleterre vis-à-vis nous ? C'était ouvrir le champ des déclamations philanthropiques et nous faire croire différents de nous-mêmes ; c'était encourir l'index de tous les faiseurs de sentimentalité sur la condition des nègres. Nous sommes plus sensés,

Dieu merci ! plus justes et plus sages. Chez nous le véritable intérêt du propriétaire réside dans le bien-être du travailleur. Le christianisme qui a développé ce sentiment moderne de la philanthropie, inconnu des anciens, n'est pas en déshérence dans notre Colonie. Nos usines fonctionnent au grand jour; nos procédés pour les immigrants ne laissent rien à désirer. Notre plus grand intérêt est qu'on nous voie à l'œuvre, qu'on nous connaisse et qu'on apprenne comment les hommes sont traités par nous. Citons quelques faits à l'appui de nos assertions.

En 1856 le navire l'*Ile Bourbon*, chargé d'un convoi de 350 Indiens pour les Antilles, vint mouiller en rade de Saint-Denis. Cette relâche imprévue était nécessitée par l'état du navire que le capitaine jugea incapable d'affronter le passage du Cap de Bonne-Espérance. L'amirauté confirma le cas d'inavigabilité du bâtiment. Le convoi d'Indiens fut mis à terre provisoirement dans le lieu de dépôt ordinaire des immigrants, attendant qu'un autre navire eût fait à l'île Maurice l'installation nécessaire au transport du convoi aux Antilles. Les Indiens à terre se mirent pendant trois semaines en rapport avec leurs compatriotes qui opéraient dans l'île leur temps d'engagement. Il en résulta un contretemps imprévu : le convoi *tout entier* demanda à demeurer à l'île de la Réunion et à y faire leur temps d'engagement. M. Hubert Delisle, gouverneur alors, crut devoir porter cette décision devant le Conseil privé, et celui-ci ne voulut pas détourner un convoi dont la destination des engagements était pour les Antilles. Sur ces entrefaites le navire le *Madagascar* arriva de Maurice avec l'installation voulue. Les scènes les plus tristes eurent lieu : il fallut la force pour obliger les Indiens à l'embarquement pour les Antilles. Tous voulaient demeurer à l'île de la Réunion où les rapports et le sort de leurs compatriotes les avaient séduits.

Nous citons ce fait, dont les journaux du Pays n'ont rien dit, parce qu'il a droit d'être invoqué, comme preuve du bon traitement que reçoivent les travailleurs et de leur condition heureuse dans notre île. — Nous ne doutons point certainement qu'ils n'aient reçu les mêmes soins auprès de nos compatriotes des Antilles, et qu'ils n'aient été complétement dédommagés d'avoir été plus loin chercher le bien-être sur une terre française, mais il est de la nature humaine de préférer le certain au hasard d'un sort souvent douteux.

Un pareil exemple vient encore de se reproduire (1860).

Le convoi du navire la *Junon* en destination pour la Martinique fit relâche pour avarie majeure à l'île de la Réunion. Les Indiens, au spectable de la condition heureuse de leurs compatriotes, voulurent demeurer dans notre île. Un jour tous refusèrent de manger, si on n'accédait à leur demande. — Il fallut faire intervenir le capitaine, et punir la mutinerie qui s'était traduite par cette protestation énergique.

Eh bien! lorsque de pareils faits se manifestent en faveur d'un peuple de colons, il peut fièrement faire appel à l'examen, même le plus hostile, et revendiquer noblement sa part d'humanité et de philanthropie aussi large que possible. — Enfin si l'Angleterre est de bonne foi, l'épreuve des 6,000 coolies avec un agent anglais doit avoir pour conséquence réelle de détruire toutes les objections le jour où il conviendra à la France de rouvrir l'émigration africaine avec des règlements d'une police meilleure pour le recrutement. (*)

AUGUSTE VINSON.

Ile de la Réunion, le 6 octobre 1860.

(*) Voir la note 2.

NOTES.

NOTE N° 1.

Le travailleur Indien offre un type différent de l'Africain et du Chinois.

Ses traits sont réguliers : la finesse souvent exquise existe dans le détail comme dans l'ensemble. Sa stature grêle, élevée, est généralement assez bien étudiée dans le système musculaire : le nez est droit ou légèrement aquilin, les lèvres minces et bien faites, les pommettes un peu saillantes, l'embonpoint rare.

Les yeux sont en général grands et noirs, les cheveux plats et forts, les dents sont d'une beauté remarquable : l'areck, la chaux et le bétel les gardent dans une intégrité parfaite.

Il est facile de voir que l'Indien occupe dans l'âge des nations un rang aristocratique. C'est un peuple de l'antiquité dont nous recueillons les débris, immenses, infinis, que l'Angleterre et la France cherchent à s'assimiler, mais qui ont par leur génie et leur nature, autant que par leurs mœurs, mille peines à faire corps avec les sociétés modernes.

L'Indien est sensible, impressionnable, susceptible d'élan par cupidité ou par passion ; il est sobre, excellent laboureur, intelligent, économe ; il a l'instinct du gain et est thésauriseur par vocation : sa cupidité même est le meilleur garant de son travail. Il s'acclimate facilement, et sous ce rapport est le plus commode des engagés. — Son aptitude et son intelligence le rendent susceptible de tous les travaux.

La femme indienne est petite, plus grasse, mieux proportionnée et plus replète que l'homme ; elle est loin d'avoir la même activité que lui.

Un grand souci préoccupe l'Indien dans son retour dans son pays : c'est un point que nous signalons à la sollicitude anglaise. — Beaucoup d'Indiens pour se rendre, après leur débarquement dans l'Inde, dans leurs districts respectifs sont obligés de traverser une partie du continent durant plusieurs jours et plusieurs nuits ; ils emportent avec eux, monnayé ou en lingots d'argent battu, le pécule qu'ils ont amassé durant cinq ans. Dans ce trajet ils sont fréquemment dépouillés par la ruse ou la violence et perdent en un instant le fruit d'un long travail et de l'exil. Il n'est pas d'efforts qu'ils n'inventent pour se soustraire à cette spoliation. La veille du départ ils font ôter de leurs pieds et de leurs bras les lourds anneaux d'argent battu dans lesquels ils ont converti une partie de leurs gages. Les uns les placent sur les enfants, pour lesquels ils espèrent qu'on aura plus de respect ; les autres se réunissent et doivent cheminer en bandes pour se secourir mutuellement ; ceux qui sont isolés recourent à des piéges pour soustraire leur fortune. — Enfin si l'Angleterre protége ses sujets indiens dans l'exactitude du paiement de leurs salaires, elle doit faire encore que ce salaire amassé dans le travail et dans l'exil parvienne sans encombre au foyer domestique.

NOTE N° 2.

Si l'émigration africaine était reprise, il faudrait qu'elle fût faite par une *commission française* établie sur le lieu même de recrutement. Il faudrait dans ce but prendre *temporairement* possession d'un point très limité de la côte africaine pour y asseoir un campement. De cette façon on surveillerait le recrutement dans sa source, un hospice recevrait les malades avec une installation convenable, les bons traitements seraient assurés et tous les intérêts satisfaits. Il faudrait que le lieu de recrutement fût choisi dans la partie du Sud, plus saine, où les populations sont plus abondantes et mieux choisies; l'établissement près de l'embouchure d'un fleuve permettrait à l'aide de bateaux de tirer de l'intérieur des hommes sans les exténuer par la fatigue des marches sous un soleil ardent et sur une terre aride : ce sont ces fatigues, faites au milieu des privations, qui dévorent la plupart des émigrants et créent les maladies qui rendent l'acclimatation si orageuse.

La durée de l'engagement de l'émigrant africain devra toujours être plus grande que pour les autres nations. L'émigrant indien arrive chez le colon avec une certaine éducation : il prend aisément les façons qu'on lui imprime pour le travail et pour la domesticité, son intelligence et son aptitude sont faciles. Il n'en est pas ainsi pour le Cafre : il ne sait rien et il faut qu'il s'acclimate. Il chôme à son arrivée, son acclimatation est pénible; il coûte à son engagiste des frais de toutes sortes : long repos, ménagements, nourriture plus substantielle, frais médicaux, etc. — Cet état se prolonge à deux années au moins, après lesquelles il faut encore le ménager beaucoup, lui donner peu d'ouvrage, le voir suspendu fréquemment pendant des semaines entières, et soustraire l'engagé aux influences atmosphéripues malfaisantes, notamment à la pluie. Aussi la mortalité est-elle plus grande que chez les autres nations. Mais acclimaté, le Cafre a une très grande valeur : il n'a pas d'inquiétude d'esprit, il est sobre, excellent travailleur; ses besoins satisfaits, il se tient pour très heureux; il affronte le soleil avec bonheur. Il oublie complétement la patrie où il ne veut plus retourner à aucun prix, tant la condition présente lui paraît meilleure.

L'émigration ainsi établie permettrait de se passer des intermédiaires arabes dont le mépris pour l'homme qu'il regarde comme une marchandise révolte l'humanité.

Pour l'émigration indienne comme pour l'émigration africaine, il est remarquable que c'est à la source et dans les lieux des recrutements que les abus et les infamies se sont produits.

Typographie de Gabriel Lahuppe, à Saint-Denis.

TRAVAUX DE M. AUGUSTE VINSON.

Mémoire sur le *Barbiers*. (Mémoires de la Société de Biologie. T. V. Année 1855, page 287 à 294.)

Note sur l'*Aie-aie (cheyromis madagascariensis)*. (Comptes-rendus de l'Académie des Sciences, octobre 1856.)

Sur les Immigrants.

Note sur l'*Ulcère de Mozambique*, improprement appelé *Pian*. (Comptes-rendus de l'Académie des Sciences, février 1857.)

Instructions médicales concernant la santé des immigrants africains, en une brochure in 8° de 28 pages. Saint-Denis 1858.

Mémoire sur le *Séringos* ou dyssenterie purulente des Cafres. (Comptes-rendus de l'Académie des Sciences, 1859.)

Introduction du choléra à la Réunion par les Cafres. Étude comparée du choléra sur la race blanche et la race noire. (Mémoire manuscrit adressé à S. E. le Ministre de l'Algérie et des colonies, 1859.)

Pour paraître :

Les Mascareignes ou histoire naturelle, médicale et agricole des îles de Bourbon et de Maurice.

www.ingramcontent.com/pod-product-compliance
Ingram Content Group UK Ltd.
Pitfield, Milton Keynes, MK11 3LW, UK
UKHW020448220726
13923UKWH00005B/2416

9 782329 062426